The Endless Hours of Life: Short Stories for Danish Language Learners

Artici Bilingual Books

Published by Artici Bilingual Books, 2024.

While every precaution has been taken in the preparation of this book, the publisher assumes no responsibility for errors or omissions, or for damages resulting from the use of the information contained herein.

THE ENDLESS HOURS OF LIFE: SHORT STORIES FOR DANISH LANGUAGE LEARNERS

First edition. March 14, 2024.

Copyright © 2024 Artici Bilingual Books.

ISBN: 979-8224157006

Written by Artici Bilingual Books.

Table of Contents

Du Er Ikke Alene

Det var en stille sommeraften i en lille landsby ved kysten. Solen var ved at forsvinde bag horisonten, og himlen var malet i bløde nuancer af orange og rosa. Ved havnen sad en ældre mand ved navn Henrik på en bænk og betragtede det rolige hav.

Henrik var en stille sjæl, hvis liv havde været fyldt med både glæde og sorg. Han havde boet i landsbyen hele sit liv og havde været vidne til utallige solnedgange som denne. Men selvom han elskede sin hjemstavn, bar han også på en dyb sorg, der stadig plagede ham efter alle disse år.

Denne aften kunne Henrik ikke undgå at lade tankerne vandre tilbage til fortiden. Han mindedes de glade barndomsdage, hvor han legede ved stranden med sine venner. Han mindedes også den smertefulde dag, hvor han mistede sin elskede kone til en alvorlig sygdom. Sorgen havde efterladt et ar i hans hjerte, der aldrig helt var helet.

Mens han sad der og lod minderne skylle ind over ham som bølger på stranden, bemærkede han pludselig en skikkelse, der nærmede sig. Det var en ung kvinde med lange, mørke lokker og et bekymret udtryk i øjnene. Hun stoppede op foran ham og mødte hans blik.

"Undskyld, at jeg forstyrrer," sagde hun med en blid stemme. "Jeg kunne ikke lade være med at lægge mærke til, at du virker så fordybet i dine tanker. Er alt i orden?"

Henrik smilede svagt og nikkede. "Ja, alt er fint," svarede han. "Jeg tænkte bare tilbage på gamle minder."

Kvinden satte sig ved siden af ham på bænken og kiggede ud over havet. "Jeg kan godt forstå det," sagde hun stille. "Der er noget så beroligende ved at se solen gå ned over havet. Det minder mig altid om, hvor smukt livet kan være."

Henrik betragtede hende stille og lagde mærke til den triste glans i hendes øjne. "Og hvad med dig?" spurgte han venligt. "Hvad får dig til at søge tilflugt ved havnen på en aften som denne?"

Kvinden sukkede og kiggede ned på sine hænder, der lå foldet i hendes skød. "Jeg har haft nogle svære dage," indrømmede hun. "Jeg føler mig lidt tabt og alene i verden."

Henrik nikkede forstående. "Det kender jeg alt for godt," sagde han med et trist smil. "Men husk, du er ikke alene. Nogle gange er det bare svært at se lyset, når skyggerne af fortiden kaster sig over os."

Kvinden så op og mødte hans venlige blik. Der var noget i hans ord, der ramte hende dybt i hjertet. Hun følte en pludselig lettelse og taknemmelighed over at have mødt denne fremmede, der forstod hende uden at dømme.

Sammen sad de i stilhed og betragtede solnedgangen, mens havet sang sit evige melodi. Og selvom skyggerne af fortiden stadig hvilede tungt på deres skuldre, vidste de begge, at de ikke behøvede at bære dem alene.

You Are Not Alone

It was a quiet summer evening in a small village by the coast. The sun was setting behind the horizon, painting the sky in soft shades of orange and pink. By the harbor, an elderly man named Henrik sat on a bench, gazing at the calm sea.

Henrik was a quiet soul, whose life had been filled with both joy and sorrow. He had lived in the village all his life and had witnessed countless sunsets like this one. But even though he loved his hometown, he also carried a deep sorrow that still haunted him after all these years.

This evening, Henrik couldn't help but let his thoughts drift back to the past. He remembered the happy childhood days spent playing on the beach with his friends. He also remembered the painful day when he lost his beloved wife to a serious illness. The grief had left a scar in his heart that had never fully healed.

As he sat there, letting the memories wash over him like waves on the shore, he suddenly noticed a figure approaching. It was a young woman with long, dark locks and a worried expression in her eyes. She stopped in front of him and met his gaze.

"Excuse me for interrupting," she said in a gentle voice. "I couldn't help but notice that you seem lost in your thoughts. Is everything okay?"

Henrik smiled weakly and nodded. "Yes, everything is fine," he replied. "I was just reminiscing about old memories."

The woman sat down next to him on the bench and looked out at the sea. "I can understand that," she said softly. "There's something so soothing about watching the sun set over the sea. It always reminds me of how beautiful life can be."

Henrik observed her quietly, noticing the sad gleam in her eyes. "And what about you?" he asked kindly. "What brings you to seek refuge by the harbor on an evening like this?"

The woman sighed and looked down at her hands, folded in her lap. "I've had some tough days," she admitted. "I feel a bit lost and alone in the world."

Henrik nodded in understanding. "I know that feeling all too well," he said with a sad smile. "But remember, you're not alone. Sometimes it's just hard to see the light when the shadows of the past loom over us."

The woman looked up and met his kind gaze. There was something in his words that struck her deeply in the heart. She felt a sudden relief and gratitude for having met this stranger who understood her without judgment.

Together, they sat in silence, watching the sunset while the sea sang its eternal melody. And even though the shadows of the past still weighed heavily on their shoulders, they both knew that they didn't have to bear them alone.

Skæbnens Dans

I en lille landsby ved kysten af Danmark, hvor havets brusen blandede sig med vinden, levede en ung kvinde ved navn Emma. Hendes øjne bar en dyb sorg, en arv fra fortidens tab og smerte. Hendes hår var som rav, der glimtede i solens sidste stråler, og hendes skikkelse bar på en stille styrke, som et ensomt fyrtårn på en forladt klippe. Hun boede alene i et gammelt hus ved havet, et hus fyldt med minder, men også med ensomhedens klang.

Emma tilbragte sine dage med at fiske og samle skaller på stranden. Hendes stille liv blev dog forstyrret en skæbnesvanger dag, da hun fandt en skat, der ikke var af guld eller ædelstene, men af levende væsen. En mand, skyllet i land af havets luner, var strandet på hendes kyst.

Han var en fremmed, en mand af mystik og hemmeligheder, hvis øjne bar fortællinger fra fjerne horisonter. Han var svækket af bølgernes vold, men hans sjæl bar en styrke, som kun de mest tapre kan besidde. Emma fandt ham på stranden og bragte ham ind i sit hjem, hvor hun plejede hans sårede krop og sårede sjæl.

Deres veje var skæbnesammenflettet, som tråde vævet af de gamle norner. De tilbragte dagene sammen, talte sjælens sprog, som kun de forstående kan høre. Men bag denne skrøbelige glæde lå der en skygge, en uundgåelig sandhed, der truede med at splitte dem ad.

For manden bar på en byrde, en byrde af løgne og forbandelser, der havde forfulgt ham gennem århundreder. Han var en væsen af natten, fanget i et skæbnesvangert spil, hvor kærligheden var både en gave og en forbandelse. Hans skæbne var tæt sammenflettet med Emmas, som to stjerner der danser i nattehimlen, uadskillelige men alligevel adskilt af universets uforståelige kræfter.

Men trods dette lod Emma sig ikke afskrække. Hendes hjerte var fyldt med en dyb kærlighed, en kærlighed så stærk, at den kunne overvinde selv de mørkeste skygger. Hun kæmpede sammen med ham, mod skæbnens uundgåelige hånd, og sammen dansede de mod horisontens kant, hvor lyset og mørket mødes i evig kamp.

For i slutningen af det hele, når tågen letter og solen bryder igennem, er det kærligheden, der sejrer. Og selv skæbnens lunefulde spil kan ikke besejre den.

Destiny's Dance

In a small village along the coast of Denmark, where the murmurs of the sea mingled with the wind, lived a young woman named Emma. Her eyes carried a deep sorrow, an inheritance from past losses and pains. Her hair was like amber, glinting in the last rays of the sun, and her figure held a quiet strength, like a solitary lighthouse on an abandoned cliff. She lived alone in an old house by the sea, a house filled with memories, but also with the echo of loneliness.

Emma spent her days fishing and collecting shells on the beach. However, her quiet life was disrupted on a fateful day when she found a treasure that was not of gold or precious stones but of a living being. A man, washed ashore by the whims of the sea, had been stranded on her coast.

He was a stranger, a man of mystery and secrets, whose eyes bore tales from distant horizons. He was weakened by the violence of the waves, but his soul carried a strength that only the bravest possess. Emma found him on the beach and brought him into her home, where she nursed his wounded body and wounded soul.

Their paths were intertwined by destiny, like threads woven by the ancient Norns. They spent their days together, speaking the language of the soul, audible only to the understanding. But behind this fragile joy lay a shadow, an inevitable truth that threatened to tear them apart.

For the man carried a burden, a burden of lies and curses that had haunted him through the centuries. He was a creature of the night, trapped in a fateful game where love was both a gift and a curse. His fate was closely intertwined with Emma's, like two stars dancing in the night sky, inseparable yet separated by the universe's unfathomable forces.

But despite this, Emma was not deterred. Her heart was filled with a deep love, a love so strong that it could overcome even the darkest shadows.

She fought alongside him, against the inevitable hand of destiny, and together they danced towards the edge of the horizon, where light and darkness meet in eternal struggle.

For in the end, when the fog clears and the sun breaks through, it is love that triumphs. And even destiny's capricious game cannot defeat it.

Min Yndlingsby

I hjertet af Danmark, hvor historie og nutid mødes, ligger min yndlingsby. Aarhus, en by fyldt med liv og farver, hvor fortidens brosten smelter sammen med moderne arkitektur og ungdommelig energi. Jeg elsker at vandre gennem gaderne, hvor duften af kaffe og lyden af latter følger mig på min vej.

En solrig eftermiddag besluttede jeg mig for at udforske min yndlingsby på ny. Jeg begav mig ned ad de snævre stræder i den gamle bydel, hvor de farverige huse kantede sig op ad hinanden som børn på en legeplads. Historiens vingesus kunne mærkes i hvert eneste hjørne, fra de antikke kirker til de brostensbelagte torve.

Da jeg nåede til havnen, åbnede sig et helt nyt kapitel af byen for mine øjne. Skibene lå fortøjet ved kajen, deres sejl blafrede i vinden som fugle på vingerne. Jeg lod mig forføre af havets kalden og begav mig ud på en bådtur langs kysten, hvor bølgerne kyssede skibenes skrog og solen kastede gyldne glimt på det blå vand.

Efter bådturen begav jeg mig til en af byens mange parker, hvor træerne strakte sig mod himlen som gamle vismænd. Jeg fandt en bænk under en blomstrende kastanje og lod mig fortabe i bogens verden. Men selv midt i stilhedens oase kunne jeg høre byens hjerte slå i takt med mit eget, en pulserende rytme af liv og energi.

Da solen begyndte at sænke sig mod horisonten, besluttede jeg mig for at besøge en af mine yndlingscaféer i hjertet af byen. Jeg satte mig ved et vindue og lod mig fortrylle af duften af nybagt brød og den beroligende summen af stemmer, der fyldte lokalet. Jeg bestilte en kop kaffe og lod mig fortabe i mine egne tanker, mens verden gled forbi udenfor.

Som aftenen faldt på, begav jeg mig ud i byens gader igen. Byen var som forvandlet under nattehimlens stjerneskær, en magisk labyrint af lys og skygger. Jeg lod mig lede af byens pulserende energi og begav mig mod et af mine yndlingssteder, en jazzklub, hvor tonerne flød som flydende guld og musikken fyldte luften som et løfte om evig lykke.

Jeg dansede gennem natten, fanget af musikkens magi og byens uendelige charme. Jeg mødte mennesker fra alle samfundslag, fra den unge kunstner til den erfarne forretningsmand, og sammen delte vi øjeblikke af ren lykke og frihed. Jeg følte mig hjemme i byens favn, som om jeg hørte til her, blandt venner og fremmede, i hjertet af min yndlingsby.

Da solen langsomt begyndte at kaste sine første stråler over horisonten, indså jeg, at det var tid til at sige farvel til min yndlingsby. Jeg tog en dyb indånding og lod mit blik glide over de bekendte gader og pladser, fyldt med minder og oplevelser. Jeg vidste, at jeg altid ville vende tilbage hertil, til min yndlingsby, hvor hjertet altid vil føle sig hjemme.

My Favorite City

In the heart of Denmark, where history and the present meet, lies my favorite city. Aarhus, a city filled with life and colors, where the cobblestone streets blend with modern architecture and youthful energy. I love to wander through the streets, where the scent of coffee and the sound of laughter accompany me on my journey.

One sunny afternoon, I decided to explore my favorite city once again. I ventured down the narrow streets of the old town, where the colorful houses lined up against each other like children on a playground. The whisper of history could be felt in every corner, from the ancient churches to the cobblestone squares.

As I reached the harbor, a whole new chapter of the city unfolded before my eyes. The ships were moored at the quay, their sails fluttering in the wind like birds on the wing. I let myself be seduced by the call of the sea and embarked on a boat trip along the coast, where the waves kissed the ships' hulls and the sun cast golden glints on the blue water.

After the boat trip, I headed to one of the city's many parks, where the trees stretched toward the sky like old sages. I found a bench under a blossoming chestnut tree and lost myself in the world of books. But even in the oasis of silence, I could hear the heart of the city beating in rhythm with my own, a pulsating rhythm of life and energy.

As the sun began to sink toward the horizon, I decided to visit one of my favorite cafes in the heart of the city. I sat by a window and let myself be enchanted by the scent of freshly baked bread and the soothing hum of voices filling the room. I ordered a cup of coffee and lost myself in my own thoughts while the world passed by outside.

As the evening fell, I ventured out into the city's streets again. The city was transformed under the starry night sky, a magical labyrinth of lights and shadows. I let myself be guided by the city's pulsating energy and headed toward one of my favorite places, a jazz club, where the notes flowed like liquid gold and the music filled the air like a promise of eternal happiness.

I danced through the night, captivated by the magic of music and the city's endless charm. I met people from all walks of life, from the young artist to the seasoned businessman, and together we shared moments of pure happiness and freedom. I felt at home in the city's embrace, as if I belonged here, among friends and strangers, in the heart of my favorite city.

As the sun slowly began to cast its first rays over the horizon, I realized it was time to say goodbye to my favorite city. I took a deep breath and let my gaze wander over the familiar streets and squares, filled with memories and experiences. I knew that I would always come back here, to my favorite city, where the heart will always feel at home.

Lerstøvler og en Kop Te

I den lille landsby Midtgård, hvor tiden synes at bevæge sig i sit eget rolige tempo, boede en enlig kvinde ved navn Agnes. Hendes hjem var en lille, hyggelig stuga omgivet af grønne marker og skovklædte bakker. Agnes var en kvinde af få ord, men hendes hjerte var stort som himlen over hende.

En regnfuld eftermiddag, da skyerne hang tunge over landskabet og dråberne trommede mod taget, besluttede Agnes sig for at tage en tur ud i naturen. Trods vejret trak det friske luft og synet af de grønne enge hende udendørs. Hun tog sine gamle lerstøvler på og bandt et tørklæde om halsen, inden hun begav sig ud i det våde vejr.

Agnes vandrede gennem markerne, hvor jorden sukkede under hendes fødder, og vinden hviskede mellem træernes grene. Hun nød at mærke regnen kysse hendes kinder og lugten af våd jord, der fyldte hendes næsebor. Trods det våde vejr følte hun sig i ét med naturen, som om hun hørte til her, i dette øjeblik af fuldkommenhed.

Efter en lang vandretur vendte Agnes tilbage til sin stuga, hvor hun tændte en brændeovn og kogte vand til en kop te. Mens tebladene trak, satte hun sig ved vinduet og lod sit blik glide ud over det regnvåde landskab.

Da teen var trukket til perfektion, hældte Agnes den op i en krus og satte sig ved brændeovnen for at nyde dens varme. Hun lod duften af teen fylde hendes næsebor og smagen udfylde hendes mund.

Mens Agnes sad der og nød sin te, bankede det pludselig på døren til hendes stuga. Hun rejste sig og åbnede døren for at finde en nabo stående udenfor, våd og gennemblødt af regnen. "Undskyld, Agnes," sagde naboen, "jeg blev fanget af regnen på min vej hjem. Kan jeg låne et tørklæde for at holde varmen?"

Agnes smilede og inviterede naboen indenfor, hvor hun gav ham et tørklæde og et varmt krus te. Sammen sad de ved brændeovnen og delte historier fra deres liv, mens regnen trommede mod taget udenfor.

Da regnen endelig holdt op, og solen brød igennem skyerne, tog Agnes og naboen afsked med et varmt håndtryk og et løfte om at mødes igen. Agnes lukkede døren efter ham og vendte tilbage til sin kop te ved brændeovnen.

Således sluttede dagen i landsbyen Midtgård, hvor lerstøvler og en kop te kunne forvandle selv den vådeste eftermiddag til et øjeblik af ren magi og venlighed.

Muddy Boots and a Cup of Tea

In the small village of Midgard, where time seemed to move at its own leisurely pace, lived a solitary woman named Agnes. Her home was a cozy cottage surrounded by green fields and wooded hills. Agnes was a woman of few words, but her heart was as vast as the sky above her.

One rainy afternoon, as the clouds hung heavy over the landscape and the drops drummed against the roof, Agnes decided to take a walk in nature. Despite the weather, the fresh air and the sight of the green meadows drew her outdoors. She put on her old muddy boots and tied a scarf around her neck before venturing out into the wet weather.

Agnes wandered through the fields, where the earth sighed beneath her feet and the wind whispered through the branches of the trees. She enjoyed feeling the rain kiss her cheeks and the scent of wet soil filling her nostrils. Despite the wet weather, she felt at one with nature, as if she belonged here, in this moment of perfection.

After a long walk, Agnes returned to her cottage, where she lit a fire in the stove and boiled water for a cup of tea. While the tea leaves steeped, she sat by the window and let her gaze wander over the rain-drenched landscape.

When the tea had steeped to perfection, Agnes poured it into a mug and sat by the stove to enjoy its warmth. She let the scent of the tea fill her nostrils and the taste fill her mouth.

As Agnes sat there, enjoying her tea, there was a sudden knock on the door of her cottage. She rose and opened the door to find a neighbor standing outside, wet and soaked from the rain. "I'm sorry, Agnes," said the neighbor, "I got caught in the rain on my way home. Can I borrow a scarf to keep warm?"

Agnes smiled and invited the neighbor inside, where she gave him a scarf and a warm mug of tea. Together, they sat by the stove and shared stories from their lives, while the rain drummed against the roof outside.

When the rain finally stopped and the sun broke through the clouds, Agnes and the neighbor bid farewell with a warm handshake and a promise to meet again. Agnes closed the door behind him and returned to her cup of tea by the stove.

Thus ended the day in the village of Midgard, where muddy boots and a cup of tea could transform even the wettest afternoon into a moment of pure magic and kindness.

Den Flyvende Drøm

I en gammel landsby langt væk, hvor skyerne dansede med vinden og solen malede farverige mønstre på himlen, levede en ung mand ved navn Mikkel. Han var en drømmer, hvis hjerte længtes efter eventyr og frihed, og hans sind var fyldt med uudforskede horisonter og ukendte veje.

Mikkel boede i et lille hus ved skovens kant sammen med sin gamle far, som var en vis mand med et stort hjerte og et endnu større mod. Far fortalte Mikkel historier om fjerne lande og mystiske skabninger, og han lærte ham at se verden med åbne øjne og et nysgerrigt sind.

En dag, da solen skinnede lystigt på himlen, besluttede Mikkel sig for at følge sin drøm og tage ud på en rejse for at opdage verden. Han pakkede en lille taske med nogle få ejendele og sagde farvel til sin far med et løfte om at vende tilbage en dag som en ændret mand.

Mikkel vandrede gennem skoven og over markerne, med fuglesang som sin eneste følgesvend. Han følte sig fri som en fugl, der svævede højt over jorden, og hans hjerte sang af glæde og forventning.

Efter mange dages rejse nåede Mikkel frem til en lille landsby ved foden af et bjerg. Landsbyen var livlig og travl, med farverige markeder og livlige gader fyldt med latter og glæde. Mikkel fandt ly i en beskeden kro og besluttede sig for at udforske landsbyen og dens omgivelser.

Han mødte lokale håndværkere og kunstnere, der delte deres historier og visdom med ham, og han fandt inspiration i deres passion og kreativitet. Han lærte at værdsætte de små øjeblikke i livet og at finde skønheden i det simple og hverdagslige.

En dag, mens Mikkel vandrede langs en sti ved bjergsiden, mødte han en gammel kvinde, der sad og flettede kurve af siv. Hun hilste venligt på Mikkel og inviterede ham til at sidde ved hendes side og dele en kop te.

Mikkel satte sig ned ved siden af kvinden, og de talte sammen om livet, kærligheden og drømmene. Kvinden fortalte ham om sine egne rejser og eventyr og om den visdom, hun havde samlet på sin vej gennem livet.

Mikkel lyttede ivrigt til kvindens ord og indså, at sandheden ikke altid lå langt væk, men ofte var lige foran os, hvis vi blot var åbne for at se den. Han takkede kvinden for hendes visdom og besluttede sig for at fortsætte sin rejse med et fornyet syn på verden og livet.

Efter flere måneder med eventyr og oplevelser vendte Mikkel tilbage til sin fars hus ved skovens kant. Han var ikke den samme mand, som da han tog af sted. Han var blevet klogere, stærkere og mere levende end nogensinde før, og hans hjerte var fyldt med taknemmelighed for de oplevelser, han havde haft og de mennesker, han havde mødt på sin rejse. Mikkel satte sig under den gamle egetræ, hvor han havde tilbragt så mange stunder med sin far, og lod tankerne flyde frit som vinden. Han vidste, at selvom hans rejse var slut, ville hans drømme aldrig dø. For som hans far altid sagde: "Drømme er som fugle, der flyver frit i himlen, og intet kan holde dem tilbage."

The Flying Dream

In an old village far away, where the clouds danced with the wind and the sun painted colorful patterns in the sky, lived a young man named Mikkel. He was a dreamer, whose heart longed for adventure and freedom, and his mind was filled with unexplored horizons and unknown paths.

Mikkel lived in a small house at the edge of the forest with his old father, who was a wise man with a big heart and an even greater courage. His father told Mikkel stories of distant lands and mysterious creatures, and he taught him to see the world with open eyes and a curious mind.

One day, as the sun shone brightly in the sky, Mikkel decided to follow his dream and set out on a journey to discover the world. He packed a small bag with a few belongings and bid farewell to his father with a promise to return one day as a changed man.

Mikkel wandered through the forest and across the fields, with birdsong as his only companion. He felt as free as a bird soaring high above the ground, and his heart sang with joy and anticipation.

After many days of travel, Mikkel reached a small village at the foot of a mountain. The village was lively and bustling, with colorful markets and lively streets filled with laughter and joy. Mikkel found shelter in a modest inn and decided to explore the village and its surroundings.

He met local craftsmen and artists who shared their stories and wisdom with him, and he found inspiration in their passion and creativity. He learned to appreciate the small moments in life and to find beauty in the simple and everyday.

One day, while Mikkel was walking along a path by the mountainside, he met an old woman who was sitting and weaving baskets from reeds. She greeted Mikkel kindly and invited him to sit by her side and share a cup of tea.

Mikkel sat down beside the woman, and they talked about life, love, and dreams. The woman told him about her own travels and adventures and about the wisdom she had gathered on her journey through life.

Mikkel listened eagerly to the woman's words and realized that the truth was not always far away, but often right in front of us, if only we were open to seeing it. He thanked the woman for her wisdom and decided to continue his journey with a renewed view of the world and life.

After several months of adventure and experiences, Mikkel returned to his father's house at the edge of the forest. He was not the same man as when he left. He had become wiser, stronger, and more alive than ever before, and his heart was filled with gratitude for the experiences he had had and the people he had met on his journey.

Mikkel sat under the old oak tree, where he had spent so many moments with his father, and let his thoughts flow freely like the wind. He knew that even though his journey had ended, his dreams would never die. For as his father always said: "Dreams are like birds, flying freely in the sky, and nothing can hold them back."

Dagen Ender

I den lille landsby Skovborg lå der en gård omgivet af grønne marker og skovklædte bakker. På gården boede en ældre mand ved navn Lars. Han var en stille sjæl, hvis daglige rutine bestod af at passe sine dyr og arbejde på marken. Lars havde tilbragt det meste af sit liv på gården og kendte hvert hjørne af den som sin egen lomme.

En aften, da solen var ved at dyppe horisonten i blodrød glød, sad Lars på verandaen og lod sit blik glide ud over det fredfyldte landskab. Dagen var ved at ende, og han følte en ro indeni sig, en ro, der kun opstår, når man er ét med naturen og sin egen sjæl.

Pludselig hørte Lars en svag lyd komme fra skoven. Det lød næsten som et suk, en hvisken fra fortiden. Han rejste sig langsomt og begav sig mod skovens dunkle indre. Mellem træerne fandt han en lille lysning, hvor en gammel birk stod og vajede i den aftenvind, der strøg gennem grenene som en stille melodi.

Ved birkens fod lå der en ældre kvinde, indhyllet i tågerne fra aftenskumringen. Hun var iført en simpel kjole, der var slidt af tidens tand, og hendes hår var gråt som skumringens skygger. Hendes ansigt bar spor af et langt liv, af glæde og sorg, af kærlighed og tab.

"Lars," hviskede kvinden med en stemme så blid som en sommerbris, "jeg har ventet på dig."

Lars stirrede på kvinden med undren i sine øjne. Han kendte hende ikke, men alligevel følte han en dyb forbindelse til hende, som om de havde mødt hinanden før, i en anden tid, et andet liv.

"Hvem er du?" spurgte Lars forsigtigt.

Kvinden smilede svagt og rakte sin hånd mod Lars. "Jeg er din fortid, din fremtid, din sjæleven," svarede hun. "Jeg er her for at minde dig om det, du har glemt, om den sandhed, du har fortrængt."

Lars sank ordene langsomt ind. Han vidste ikke, hvad han skulle tro, men alligevel kunne han ikke modstå kvindens nærvær, hendes varme og visdom, der fyldte skovens luft som en duft af blomster og urter.

Sammen satte Lars og kvinden sig ved birkens fod og lod sig fortabe i samtalen, der flød mellem dem som en bæk i skoven. De talte om livet, om døden, om kærlighedens evige kraft. Og langsomt begyndte Lars at forstå, at kvinden var mere end bare en tilfældig fremmed. Hun var en vejleder, en ven, en læremester i livets mysterier.

Da natten faldt på, og stjernerne tændte deres tindrende lys over himlen, rejste kvinden sig fra sit skjul under birkens grene. Hun tog Lars i hånden og førte ham ud af skoven og ind i natten, mod det ukendte, mod det evige lys, der venter for enden af alle veje.

Dagen var endt, men for Lars var det kun begyndelsen på en ny rejse, en rejse mod sandheden, mod kærligheden, mod livets uendelige mysterier.

Og selvom han ikke vidste, hvad der ventede ham, vidste han, at han ikke var alene. For han havde kvinden ved sin side, hans sjæleven, hans vejleder gennem livets labyrinter.

Og i det sidste glimt af dagens sidste lys forsvandt de to skikkelser ind i nattens tåger, hånd i hånd, sjæl i sjæl, på vej mod det, der var skjult for menneskers øjne, men åbent for dem, der turde tro på magien i livet selv.

The End of the Day

In the small village of Skovborg, there was a farm surrounded by green fields and wooded hills. Living on the farm was an elderly man named Lars. He was a quiet soul, whose daily routine consisted of tending to his animals and working in the fields. Lars had spent most of his life on the farm and knew every corner of it like the back of his hand.

One evening, as the sun was dipping the horizon in a blood-red glow, Lars sat on the porch and let his gaze wander over the peaceful landscape. The day was coming to an end, and he felt a calmness inside him, a peace that arises only when one is in harmony with nature and one's own soul. Suddenly, Lars heard a faint sound coming from the woods. It sounded almost like a sigh, a whisper from the past. He rose slowly and made his way toward the dark heart of the forest. Among the trees, he found a small clearing where an old birch stood swaying in the evening breeze, which passed through the branches like a gentle melody.

At the foot of the birch lay an elderly woman, shrouded in the mists of twilight. She wore a simple dress, worn by the ravages of time, and her hair was gray like the shadows of dusk. Her face bore traces of a long life, of joy and sorrow, of love and loss.

"Lars," whispered the woman with a voice as gentle as a summer breeze, "I have been waiting for you."

Lars stared at the woman with wonder in his eyes. He did not know her, yet he felt a deep connection to her, as if they had met before, in another time, another life.

"Who are you?" Lars asked cautiously.

The woman smiled faintly and reached her hand toward Lars. "I am your past, your future, your soulmate," she replied. "I am here to remind you of what you have forgotten, of the truth you have repressed."

Slowly, Lars absorbed the words. He did not know what to believe, but still, he could not resist the woman's presence, her warmth, and wisdom that filled the forest air like a scent of flowers and herbs.

Together, Lars and the woman sat at the foot of the birch and lost themselves in the conversation that flowed between them like a stream in the forest. They talked about life, about death, about the eternal power of love. And slowly, Lars began to understand that the woman was more than just a random stranger. She was a guide, a friend, a teacher in life's mysteries.

As night fell and the stars lit their twinkling lights across the sky, the woman rose from her shelter under the birch's branches. She took Lars's hand and led him out of the forest and into the night, toward the unknown, toward the eternal light that awaits at the end of all paths.

The day had ended, but for Lars, it was only the beginning of a new journey, a journey toward truth, toward love, toward life's endless mysteries. And although he did not know what awaited him, he knew that he was not alone. For he had the woman by his side, his soulmate, his guide through life's mazes.

And in the last glimpse of the day's final light, the two figures disappeared into the night's mists, hand in hand, soul in soul, on their way to what was hidden from human eyes but open to those who dared to believe in the magic of life itself.

Ensomhedens Melodi

Det var en kold vinteraften i København, hvor sneen dækkede gaderne med et tæppe af hvid. Gadelampernes svage skær kastede lange skygger, der dansede melankolsk på den forladte vej. I en lille lejlighed på Nørrebro sad en kvinde ved navn Emma. Hendes blik stirrede ud af vinduet, hvor hun betragtede de tavse snedriver, der samlede sig på fortovet.

Emma var en ung kvinde i midten af tyverne med et hjerte tungt af ensomhed. Hendes liv havde været en ensom rejse, fyldt med tab og savn. Hun havde mistet sine forældre i en ung alder og havde ingen søskende eller nære venner tilbage. Hendes dagligdag var præget af rutine: arbejde om dagen og ensomhed om aftenen.

Denne aften var ikke anderledes. Emma havde netop spist sin middag alene, og stilheden i hendes lejlighed fyldte hende med en dyb længsel efter selskab. Hun tændte stearinlysene og lod deres svage skær oplyse rummet. Så fandt hun sin gamle guitar frem fra sit skab.

Som hun sad der med guitaren i sine hænder, lod hun sine fingre stryge hen over strengene og begyndte at spille en melodi. Det var en melodi af ensomhed og længsel, en melodi der udtrykte alt det, som hun ikke kunne sætte ord på. Hendes stemme fyldte rummet, blød og inderlig, som et budskab fra hjertet.

Mens hun spillede, kunne hun mærke tårerne trille ned ad hendes kinder. Det var som om musikken åbnede en port til hendes inderste følelser, som hun havde forsøgt at undertrykke i så lang tid. Hun lod sig synke ned i musikkens dybder, lade sig føre af dens rytme og melodi.

Pludselig lød det bankende på hendes dør. Emma standsede med et sæt, overrasket over afbrydelsen. Hvem kunne det være på en aften som denne? Med tøvende skridt nærmede hun sig døren og åbnede den forsigtigt.

Udenfor stod en mand iført en varm frakke og en hue trukket ned over ørerne. Hans kinder var røde af kulden, men hans øjne var venlige og opmærksomme. "Undskyld, jeg håber, jeg ikke forstyrrer," sagde han med en blid stemme. "Jeg bor lige ved siden af, og jeg kunne høre din smukke musik. Jeg følte, at jeg var nødt til at komme og sige hej."

Emma stirrede måbende på ham, overrasket over den uventede gestus. Hun vidste ikke, hvad hun skulle sige eller hvordan hun skulle reagere. Men der var noget ved mandens venlige øjne, der beroligede hende og fik hende til at føle sig velkommen.

"Jeg hedder Anders," fortsatte manden og rakte hånden frem imod hende. "Det er virkelig en smuk melodi, du spiller. Jeg spiller selv lidt guitar, så jeg kunne ikke lade være med at komme og lytte."

Emma tøvede et øjeblik, men tog så imod hans hånd og gengældte hans smil. "Tak," svarede hun blidt. "Jeg hedder Emma. Kom indenfor, det er koldt derude."

Anders trådte ind i lejligheden, og Emma lukkede døren efter ham. De satte sig begge ned i stuen, og Emma tilbød ham en kop varm te. De begyndte at snakke om alt mellem himmel og jord, som om de havde kendt hinanden i årevis.

Tiden fløj afsted, og inden de vidste af det, var det midnat. Sneen faldt stadig udenfor, men indenfor var der varme og latter. Emma indså, at hun ikke følte sig ensom længere. Hun havde fundet en ven i Anders, en person at dele sine tanker og følelser med.

Da Anders rejste sig for at gå, tog han Emma i sine arme og gav hende et varmt knus. "Tak for i aften," sagde han med et smil. "Det var virkelig dejligt at møde dig, Emma. Jeg håber, vi ses snart igen."

Emma smilede og nikkede. "Ja, det håber jeg også," svarede hun. Og som Anders forlod hendes lejlighed og trådte ud i den kolde vinternat, kunne Emma stadig høre musikken i sit hjerte - en melodi af håb og venskab, der var begyndt at spille på ny.

The Melody of Solitude

It was a cold winter evening in Copenhagen, where the snow covered the streets with a blanket of white. The faint glow of the street lamps cast long shadows that danced melancholically on the deserted road. In a small apartment in Nørrebro, a woman named Emma sat. Her gaze stared out the window, where she observed the silent snowdrifts accumulating on the sidewalk.

Emma was a young woman in her mid-twenties with a heart heavy with loneliness. Her life had been a lonely journey, filled with loss and longing. She had lost her parents at a young age and had no siblings or close friends left. Her daily life was marked by routine: work during the day and loneliness at night.

This evening was no different. Emma had just eaten her dinner alone, and the silence in her apartment filled her with a deep longing for company. She lit the candles and let their faint glow illuminate the room. Then she retrieved her old guitar from her closet.

As she sat there with the guitar in her hands, she let her fingers glide over the strings and began to play a melody. It was a melody of loneliness and longing, a melody that expressed everything she couldn't put into words. Her voice filled the room, soft and heartfelt, like a message from the heart.

As she played, she could feel tears streaming down her cheeks. It was as if the music opened a gateway to her innermost feelings, which she had tried to suppress for so long. She allowed herself to sink into the depths of the music, letting herself be carried by its rhythm and melody.

Suddenly, there was a knock on her door. Emma stopped abruptly, surprised by the interruption. Who could it be on an evening like this? With hesitant steps, she approached the door and opened it cautiously.

Outside stood a man wearing a warm coat and a hat pulled down over his ears. His cheeks were red from the cold, but his eyes were kind and attentive. "I'm sorry if I'm disturbing you," he said in a gentle voice. "I live right next door, and I could hear your beautiful music. I felt like I had to come and say hello."

Emma stared at him, astonished by the unexpected gesture. She didn't know what to say or how to react. But there was something about the man's friendly eyes that reassured her and made her feel welcome.

"I'm Anders," the man continued, extending his hand toward her. "That's really a beautiful melody you're playing. I play a little guitar myself, so I couldn't resist coming to listen."

Emma hesitated for a moment, but then she took his hand and returned his smile. "Thank you," she replied softly. "My name is Emma. Come inside, it's cold out there."

Anders stepped into the apartment, and Emma closed the door behind him. They both sat down in the living room, and Emma offered him a cup of hot tea. They began to talk about everything under the sun, as if they had known each other for years.

Time flew by, and before they knew it, it was midnight. The snow was still falling outside, but inside there was warmth and laughter. Emma realized that she didn't feel lonely anymore. She had found a friend in Anders, someone to share her thoughts and feelings with.

As Anders stood up to leave, he hugged Emma warmly. "Thank you for tonight," he said with a smile. "It was really nice to meet you, Emma. I hope we'll see each other again soon."

Emma smiled and nodded. "Yes, I hope so too," she replied. And as Anders left her apartment and stepped out into the cold winter night, Emma could still hear the music in her heart - a melody of hope and friendship that had begun to play anew.

Det var en ganske almindelig dag i byen. Mennesker gik frem og tilbage på gaderne, travlt optaget af deres daglige gøremål. Biler susede forbi, og lyden af stemmer og latter fyldte luften.

I en lille cafe i hjertet af byen sad en ung kvinde ved navn Sofie. Hun stirrede ud ad vinduet, mens hun rodede med en kop kaffe foran sig. Hendes tanker var et virvar af bekymringer og overvejelser, og hun følte sig fanget i en uendelig strøm af tid.

Sofie havde altid haft travlt. Hun jonglerede mellem arbejde, familie og venner, og hun havde sjældent tid til at sætte tempoet ned og nyde livets øjeblikke. Men i dag var anderledes. I dag havde hun besluttet sig for at tage en pause og tage sig tid til at reflektere over sit liv.

Som hun sad der i cafeen, mindedes Sofie de mange timer, hun havde brugt på at løbe efter sine drømme og ambitioner. Hun tænkte tilbage på de lange arbejdsdage og de sene nætter, hvor hun havde knoklet for at opnå succes og anerkendelse. Men selvom hun havde opnået meget, følte hun stadig en tomhed indeni, som om der manglede noget vigtigt i hendes liv.

Pludselig blev Sofies tanker afbrudt af en stemme ved hendes side. Det var en ældre mand, der sad ved et nærliggende bord og stirrede med venlige øjne på hende.

"Undskyld mig, unge dame," sagde manden med et smil. "Jeg kunne ikke lade være med at bemærke, at du virker lidt bekymret. Er der noget, der plager dig?"

Sofie så overrasket på manden og nikkede langsomt. "Ja, det er der faktisk," svarede hun ærligt. "Jeg føler, at jeg aldrig har tid nok. Jeg løber konstant rundt og forsøger at nå alt, men det føles som om, jeg aldrig når noget."

Manden nikkede forstående og tog en slurk af sin kaffe, før han svarede: "Det er en udfordring, vi alle står over for i dagens travle verden. Men husk på, at livet ikke handler om at løbe hurtigst muligt. Det handler om at finde glæde og mening i de små øjeblikke og værdsætte de timer, vi har sammen med dem, vi holder af."

Sofie lyttede opmærksomt til mandens ord og lod dem synke ind. Hun indså, at hun var blevet fanget i en fælde af stress og bekymringer, og at hun var nødt til at ændre sit syn på tid og prioritere det, der virkelig betød noget for hende.

Da Sofie forlod cafeen den dag, følte hun sig lettere og mere afklaret end nogensinde før. Hun vidste, at vejen frem ville være fyldt med udfordringer og kompromisser, men hun var fast besluttet på at tage hver time i livet som en gave og bruge den til at skabe meningsfulde øjeblikke med dem, hun elskede.

Fra den dag og fremefter lærte Sofie at sætte tempoet ned og nyde livets enkle glæder. Hun tog sig tid til at gå ture i parken, læse en god bog og tilbringe kvalitetstid med venner og familie. Og selvom dagene stadig føltes alt for korte, indså hun, at der var rigeligt med timer i livet til at skabe minder og finde lykke.

The Endless Hours of Life

It was just an ordinary day in the city. People walked back and forth on the streets, busy with their daily tasks. Cars rushed by, and the sound of voices and laughter filled the air.

In a small cafe in the heart of the city sat a young woman named Sofie. She stared out the window, absentmindedly stirring a cup of coffee in front of her. Her thoughts were a whirlwind of worries and considerations, and she felt trapped in an endless stream of time.

Sofie had always been busy. She juggled work, family, and friends, and she rarely had time to slow down and enjoy life's moments. But today was different. Today she had decided to take a break and take the time to reflect on her life.

As she sat there in the cafe, Sofie remembered the many hours she had spent chasing her dreams and ambitions. She thought back to the long workdays and late nights when she had worked hard to achieve success and recognition. But even though she had accomplished a lot, she still felt an emptiness inside, as if something important was missing from her life.

Suddenly, Sofie's thoughts were interrupted by a voice beside her. It was an older man sitting at a nearby table, looking at her with kind eyes.

"Excuse me, young lady," said the man with a smile. "I couldn't help but notice that you seem a bit worried. Is there something bothering you?"

Sofie looked surprised at the man and nodded slowly. "Yes, there is actually," she replied honestly. "I feel like I never have enough time. I'm constantly running around trying to do everything, but it feels like I never accomplish anything."

The man nodded understandingly and took a sip of his coffee before replying: "It's a challenge we all face in today's busy world. But remember, life isn't about running as fast as possible. It's about finding joy and meaning in the small moments and appreciating the hours we have together with those we love."

Sofie listened attentively to the man's words and let them sink in. She realized that she had been caught in a trap of stress and worries, and that she needed to change her perspective on time and prioritize what truly mattered to her.

As Sofie left the cafe that day, she felt lighter and more clear-headed than ever before. She knew that the road ahead would be filled with challenges and compromises, but she was determined to take each hour of life as a gift and use it to create meaningful moments with those she loved.

From that day forward, Sofie learned to slow down and enjoy life's simple pleasures. She took the time to go for walks in the park, read a good book, and spend quality time with friends and family. And even though the days still felt too short, she realized that there were plenty of hours in life to create memories and find happiness.

En Regnfuld Aften

Det var en regnfuld aften i den lille landsby. Vandet dryppede fra tagrenderne, mens de grå skyer hang tungt over himlen. Gaderne var stille, og kun lyden af regndråbernes fald kunne høres.

I en hyggelig lille café ved byens torv sad en ung mand ved navn Andreas. Han havde en kop varm te foran sig og en bog åben på bordet. Han nød den rolige stemning i caféen, mens han fordybede sig i historierne i bogen.

Andreas var en drømmer. Han elskede at læse og drømme sig væk i fantastiske verdener og spændende eventyr. Men selvom han nød sit liv som bogorm, følte han sig alligevel lidt ensom til tider. Han savnede en ven, som han kunne dele sine tanker og drømme med.

Mens han sad der og læste, hørte Andreas pludselig lyden af nogen, der åbnede døren til caféen. Han kiggede op og så en ung kvinde træde ind i rummet. Hendes hår var vådt af regnen, og hendes ansigt var oplyst af et venligt smil.

"Undskyld mig," sagde kvinden og gik hen til bordet ved siden af Andreas. "Er det okay, hvis jeg sætter mig her?"

Andreas nikkede venligt og flyttede lidt på sin stol for at give plads til hende. "Selvfølgelig," svarede han. "Værsgo."

Kvinden satte sig ned og bestilte en kop varm chokolade. Andreas lagde mærke til, at hun også havde en bog med sig og smilede ved tanken om, at de begge var så ivrige læsere.

De begyndte at tale sammen, og Andreas opdagede hurtigt, at han havde meget til fælles med kvinden ved siden af ham. De delte deres yndlingsbøger og forfattere, og de diskuterede ivrigt de forskellige historier og karakterer.

Som timen gik, indså Andreas, at han havde fundet en ven i den unge kvinde. De havde en naturlig kemi og en fælles passion for litteratur, som bandt dem sammen på en særlig måde.

Da caféen begyndte at lukke for aftenen, rejste Andreas sig op og kiggede ud ad vinduet. Regnen var begyndt at stilne af, og himlen begyndte at klare op.

Han vendte sig mod kvinden og smilte. "Tak for i aften," sagde han. "Det var virkelig hyggeligt at tale med dig."

Kvinden smilede tilbage og nikkede. "Jeg synes også, det var dejligt," svarede hun. "Vi må gøre det igen en anden gang."

A Rainy Evening

It was a rainy evening in the small village. Water dripped from the gutters as the gray clouds hung heavily in the sky. The streets were quiet, and only the sound of raindrops falling could be heard.

In a cozy little café by the town square sat a young man named Andreas. He had a cup of hot tea in front of him and an open book on the table. He enjoyed the quiet atmosphere of the café as he immersed himself in the stories of the book.

Andreas was a dreamer. He loved to read and lose himself in fantastic worlds and exciting adventures. But even though he enjoyed his life as a bookworm, he still felt a little lonely at times. He longed for a friend whom he could share his thoughts and dreams with.

As he sat there reading, Andreas suddenly heard the sound of someone opening the door to the café. He looked up and saw a young woman step into the room. Her hair was wet from the rain, and her face was lit up by a friendly smile.

"Excuse me," said the woman as she walked over to the table next to Andreas. "Is it okay if I sit here?"

Andreas nodded kindly and shifted his chair to make room for her. "Of course," he replied. "Please, go ahead."

The woman sat down and ordered a cup of hot chocolate. Andreas noticed that she also had a book with her and smiled at the thought that they were both such avid readers.

They began to talk, and Andreas quickly discovered that he had a lot in common with the woman next to him. They shared their favorite books and authors, and they eagerly discussed the different stories and characters.

As the hour passed, Andreas realized that he had found a friend in the young woman. They had a natural chemistry and a shared passion for literature that bound them together in a special way.

As the café began to close for the evening, Andreas stood up and looked out the window. The rain had started to ease off, and the sky was beginning to clear.

He turned to the woman and smiled. "Thank you for tonight," he said. "It was really nice talking to you."

The woman smiled back and nodded. "I thought it was lovely too," she replied. "We should do it again sometime."

Kærlighedens Opdagelse

I en lille landsby dybt inde i den danske skov lå et hus, hvor tiden syntes at stå stille. Det var her, Isabella boede sammen med sin far, en stille og eftertænksom mand, hvis hoved var altid begravet i bøger og gamle breve. Isabella var en drømmer. Hendes øjne var fyldt med nysgerrighed og længsel efter eventyr, og hun tilbragte timer i skovens dybe hemmeligheder, hvor hun fandt trøst og inspiration.

En dag, da solen skinnede klart over landsbyen, besluttede Isabella sig for at udforske en del af skoven, hun aldrig havde set før. Hun fulgte en sti, der snoede sig mellem træerne som en hemmelig vej ind i det ukendte.

Efter at have gået i timevis nåede Isabella en lysning i skoven, hvor solens stråler kastede et gyldent lys over alt omkring hende. Hun standsede op og kiggede rundt, forundret over den skønhed, hun havde opdaget.

Men det, der virkelig fangede Isabellas opmærksomhed, var en gammel træhytte, der stod midt i lysningen. Den var forladt og forfalden, men alligevel udsendte den en aura af mysterium og magi, der kaldte på hende som en sang fra fortiden.

Isabella trådte forsigtigt ind i hytten og opdagede, at den var fyldt med gamle bøger og skrifter, der fortalte historier fra en svunden tid. Hun følte sig som en opdagelsesrejsende, der stod ved kanten af et uudforsket kontinent, klar til at udforske de skjulte skatte, der lå gemt i dens dybder.

Da solen begyndte at synke ned bag trætoppene, fandt Isabella en gammel bog, der lå gemt på en hylde i hytten. Den var fyldt med hemmeligheder og mystik, og Isabella kunne næsten føle historiens vingesus, der strømmede ud fra dens sider.

I bogens sider opdagede Isabella en historie om kærlighed og tab, om en ung kvinde, der var blevet forvandlet af kærlighedens kraft og havde mistet alt i sin søgen efter sandhed og lykke. Det var som om historien var skrevet til hende, som om den var en gave fra universet selv.

Med hjertet hamrende af spænding og forventning fortsatte Isabella med at læse, indtil hun nåede historiens dramatiske slutning. Tårerne trillede ned ad hendes kinder, som hun genkendte sig selv i den unge kvindes kamp og smerte.

Men selv i den mørkeste time var der et lys af håb, der skinnede gennem skyerne. For kærligheden havde magten til at hele selv de dybeste sår og bringe selv de mest adskilte sjæle sammen igen.

Da Isabella forlod den gamle træhytte og vendte tilbage til landsbyen, bar hun historiens visdom med sig som en skat, der var blevet afsløret i hjertet af skoven. Og selvom hendes liv måske ikke var som en eventyrroman, vidste hun, at kærlighedens opdagelse var den største skat af dem alle.

The Discovery of Love

In a small village deep within the Danish forest stood a house where time seemed to stand still. It was here that Isabella lived with her father, a quiet and contemplative man whose head was always buried in books and old letters.

Isabella was a dreamer. Her eyes were filled with curiosity and longing for adventure, and she spent hours in the forest's deep secrets, finding solace and inspiration.

One day, when the sun shone brightly over the village, Isabella decided to explore a part of the forest she had never seen before. She followed a path that wound through the trees like a secret passage into the unknown.

After walking for hours, Isabella reached a clearing in the forest where the sun's rays cast a golden light over everything around her. She stopped and looked around, amazed by the beauty she had discovered.

But what truly caught Isabella's attention was an old wooden cabin standing in the middle of the clearing. It was abandoned and dilapidated, yet it emitted an aura of mystery and magic that called to her like a song from the past.

Isabella stepped cautiously into the cabin and discovered that it was filled with old books and writings telling stories from a bygone era. She felt like an explorer standing at the edge of an uncharted continent, ready to explore the hidden treasures lying within its depths.

As the sun began to sink behind the treetops, Isabella found an old book hidden on a shelf in the cabin. It was filled with secrets and mystique, and Isabella could almost feel the echoes of history emanating from its pages. Within the book's pages, Isabella discovered a story of love and loss, of a young woman transformed by the power of love and who had lost everything in her search for truth and happiness. It was as if the story was written for her, as if it were a gift from the universe itself.

With her heart pounding with excitement and anticipation, Isabella continued to read until she reached the story's dramatic conclusion. Tears streamed down her cheeks as she recognized herself in the young woman's struggle and pain.

But even in the darkest hour, there was a light of hope shining through the clouds. For love had the power to heal even the deepest wounds and bring even the most separated souls back together again.

As Isabella left the old wooden cabin and returned to the village, she carried the wisdom of the story with her like a treasure revealed in the heart of the forest. And although her life may not be like an adventure novel, she knew that the discovery of love was the greatest treasure of all.

En Melodi af Erindringer

Det var en varm sommerdag, da Emma besluttede sig for at tage en gåtur gennem den lille by, hvor hun voksede op. Hendes skridt førte hende ned ad de velkendte gader, hvor minderne lå gemt bag hvert hjørne og i hver lille detalje.

Emma lod sine fingre glide over de gamle murstenshuse, der havde set hende vokse op og forvandle sig gennem årene. Hun stoppede foran det lille konditori, hvor hun og hendes bedstemor plejede at nyde varm kakao og hjemmebagte kager på kølige eftermiddage.

Mens Emma stod der og lod minderne flyde frit, hørte hun pludselig lyden af en velkendt melodi. Hun drejede hovedet og så en ung mand stående på hjørnet med en guitar i hånden, hans stemme fyldt med følelse og længsel.

Melodien, han spillede, var en, Emma kendte alt for godt. Det var den sang, hun og hendes første kærlighed havde danset til under stjernerne på en sommernat, der føltes som en evighed siden.

Emma kunne mærke tårerne prikke i hendes øjne, mens hun lyttede til sangen, der vækkede minder om en tid, der var forsvundet, men aldrig glemt. Hun lukkede øjnene og lod sig fortabe i musikken, der kaldte på hende som en gammel ven.

Da sangen endelig ebbede ud, åbnede Emma langsomt øjnene og mødte den unge mands blik. Der var noget i hans øjne, der fangede hende, som om han kendte hende bedre, end hun kendte sig selv.

"Jeg hedder Lucas," sagde han med en blid stemme.

Emma rødmede let og smilede genert. "Jeg er Emma," svarede hun. "Og din sang, den mindede mig om så mange ting, jeg næsten havde glemt."

Lucas nikkede og smilede varmt til hende. "Det er det, musik kan gøre," sagde han. "Det kan bringe os tilbage til øjeblikke og følelser, vi troede, vi havde mistet for altid."

De to talte i timevis, mens de vandrede gennem byens gader og delte historier om deres liv og drømme. De opdagede, at de havde mere til fælles, end de nogensinde havde troet muligt, og at deres møde ikke var en tilfældighed, men skæbnens værk.

Da solen begyndte at synke ned bag horisonten, tog Lucas Emma i hånden og førte hende tilbage til det sted, hvor han først havde spillet sin sang. Han greb sin guitar og begyndte at spille igen, mens Emma stod ved hans side og sang med.

Det var som om tiden stoppede, mens de to skabte deres egen melodi af erindringer og håb. De vidste ikke, hvad fremtiden ville bringe, men de vidste, at de havde fundet hinanden på en varm sommerdag, og det var alt, der betød noget lige nu.

A Melody of Memories

It was a warm summer day when Emma decided to take a walk through the small town where she grew up. Her steps led her down the familiar streets, where memories lay hidden behind every corner and in every little detail.

Emma let her fingers glide over the old brick houses that had seen her grow up and transform over the years. She stopped in front of the small bakery where she and her grandmother used to enjoy hot cocoa and homemade cakes on cool afternoons.

As Emma stood there, letting the memories flow freely, she suddenly heard the sound of a familiar melody. She turned her head and saw a young man standing on the corner with a guitar in his hand, his voice filled with emotion and longing.

The melody he played was one Emma knew all too well. It was the song she and her first love had danced to under the stars on a summer night that felt like an eternity ago.

Emma could feel tears prickling in her eyes as she listened to the song, which evoked memories of a time that had passed but was never forgotten. She closed her eyes and lost herself in the music, which called to her like an old friend.

When the song finally faded away, Emma slowly opened her eyes and met the young man's gaze. There was something in his eyes that caught her, as if he knew her better than she knew herself.

"My name is Lucas," he said with a gentle voice.

Emma blushed slightly and smiled shyly. "I'm Emma," she replied. "And your song, it reminded me of so many things I had almost forgotten."

Lucas nodded and smiled warmly at her. "That's what music can do," he said. "It can bring us back to moments and feelings we thought we had lost forever."

The two talked for hours as they wandered through the town's streets, sharing stories about their lives and dreams. They discovered that they had more in common than they ever thought possible, and that their meeting was not a coincidence, but the work of fate.

As the sun began to sink behind the horizon, Lucas took Emma's hand and led her back to the place where he had first played his song. He grabbed his guitar and began to play again, while Emma stood by his side and sang along.

It was as if time stood still as the two created their own melody of memories and hope. They didn't know what the future would bring, but they knew that they had found each other on a warm summer day, and that was all that mattered right now.

Mørket i Byen

I en by, hvor skyggerne var lange og murene havde ører, levede en mand ved navn Anders. Han var en stille og eftertænksom person, hvis tanker sjældent forlod hans eget hoved. Han arbejdede som bogholder for byens mest magtfulde virksomhed, men hans sande lidenskab lå et helt andet sted.

Anders havde altid drømt om at skrive, om at give stemme til de ord, der rumsterede rundt i hans sind som fanger i et fængsel. Men i en by, hvor sandheden blev undertrykt af frygt og magt, var det farligt at lade sine tanker flyde frit.

En dag, da regnen faldt tungt over byen, besluttede Anders sig for at handle. Han lukkede sig inde på sit lille værelse og tog fat på sin skrivemaskine, som havde stået støvet til i årevis. Han skrev ordene ned, en efter en, som om han befriede dem fra fangenskabet i sit sind.

Mens Anders skrev, følte han en følelse af frygt og spænding, der borede sig dybt ind i hans knogler. Han vidste, at hans handlinger kunne have konsekvenser, at han risikerede alt for at udtrykke sine tanker i en verden, der ønskede dem tavse.

Men han kunne ikke stoppe. Ordene flød ud af ham som vand fra en utæt dæmning, og han kunne ikke stoppe strømmen, selvom han ville. Han var besat af tanken om at give stemme til sandheden, selvom det betød at risikere sit eget liv.

Efter flere timer med intens skrivning var Anders endelig færdig. Han læste sine ord igen og igen, som om han ikke kunne tro, at de var kommet fra ham selv. Han vidste, at han måtte handle hurtigt, før frygten fik overtaget og tvang ham tilbage i skyggerne.

Han smed sit manuskript i en gammel kuffert og løb ud i regnen, hans hjerte bankede hårdt i hans bryst som en hammer mod en ambolt. Han vidste, at der ikke var tid til at tøve, at han måtte handle nu, hvis han nogensinde skulle gøre en forskel i denne by af mørke.

Anders kæmpede sig gennem gaderne, hans trin hastige og usikre, som om han var jaget af spøgelser fra sin egen fortid. Han vidste, at hans handlinger ville få konsekvenser, men han var rede til at tage risikoen for at stå op for det, han troede på.

Da han nåede frem til byens torv, hvor folkemængden samledes for at høre dagens nyheder, steg hans hjerte op i hans hals. Han vidste, at han kun havde en chance for at få sine ord hørt, før mørket ville falde over ham for evigt.

Anders rømmede sig og trådte frem foran folkemængden, hans hænder rystende af frygt og spænding. Han åbnede kufferten og trak sit manuskript frem, hans stemme skælvende, men fast.

"Mennesker i denne by," begyndte han, "jeg bringer jer ord fra sandheden, ord, der er blevet undertrykt og fordrejet af dem, der ønsker at holde jer i mørket. Men jeg siger jer nu, at sandheden ikke kan holdes nede for evigt. Vi må kæmpe for vores ret til at kende sandheden, selvom det betyder at risikere alt."

Anders' ord blev mødt med tavshed, men også med en gnist af håb, der brændte i folks hjerter. De vidste, at det ville være farligt at lytte til ham, men de kunne ikke lade være. For i hans ord hørte de en stemme fra deres egen samvittighed, en stemme, der krævede retfærdighed og frihed.

Da Anders endelig var færdig med at tale, greb vagterne ham og førte ham bort fra torvet, hans manuskript liggende glemt på jorden. Men selv som han blev ført væk i mørket, vidste han, at han havde gjort det rigtige. For selv i skyggernes by kunne sandheden ikke holdes nede for evigt.

Darkness in the City

In a city where shadows were long and the walls had ears, there lived a man named Anders. He was a quiet and thoughtful person, whose thoughts rarely left his own head. He worked as an accountant for the city's most powerful company, but his true passion lay elsewhere.

Anders had always dreamed of writing, of giving voice to the words that rumbled around in his mind like prisoners in a jail. But in a city where truth was suppressed by fear and power, it was dangerous to let one's thoughts flow freely.

One day, when the rain fell heavily over the city, Anders decided to take action. He locked himself in his small room and took hold of his typewriter, which had gathered dust for years. He wrote down the words, one by one, as if he were freeing them from the prison of his mind.

As Anders wrote, he felt a sense of fear and excitement that dug deep into his bones. He knew that his actions could have consequences, that he risked everything to express his thoughts in a world that wanted them silent.

But he couldn't stop. The words flowed out of him like water from a leaking dam, and he couldn't stop the flow, even if he wanted to. He was obsessed with the idea of giving voice to the truth, even if it meant risking his own life.

After several hours of intense writing, Anders was finally finished. He read his words again and again, as if he couldn't believe they had come from himself. He knew he had to act quickly, before fear took hold and forced him back into the shadows.

He threw his manuscript into an old suitcase and ran out into the rain, his heart pounding hard in his chest like a hammer against an anvil. He knew there was no time to hesitate, that he had to act now if he were ever to make a difference in this city of darkness.

Anders fought his way through the streets, his steps hurried and uncertain, as if he were chased by ghosts from his own past. He knew that his actions would have consequences, but he was willing to take the risk to stand up for what he believed in.

When he reached the city square, where the crowd gathered to hear the day's news, his heart rose in his throat. He knew he only had one chance to get his words heard, before darkness would fall over him forever.

Anders cleared his throat and stepped forward in front of the crowd, his hands shaking with fear and excitement. He opened the suitcase and pulled out his manuscript, his voice trembling but firm.

"People of this city," he began, "I bring you words from the truth, words that have been suppressed and distorted by those who wish to keep you in the dark. But I tell you now, that the truth cannot be kept down forever. We must fight for our right to know the truth, even if it means risking everything."

Anders' words were met with silence, but also with a spark of hope that burned in people's hearts. They knew it would be dangerous to listen to him, but they couldn't help it. For in his words, they heard a voice from their own conscience, a voice that demanded justice and freedom.

As Anders finally finished speaking, the guards seized him and led him away from the square, his manuscript lying forgotten on the ground. But even as he was led away into the darkness, he knew he had done the right thing. For even in the city of shadows, the truth could not be kept down forever.

Den Gyldne Tråd

Engang i en lille landsby ved navn Solglimt boede en ung kvinde ved navn Freja. Hun var en drømmer og en fortæller af hjertet, hvis ord kunne male billeder af skønhed og magi. Freja elskede at vandre gennem markerne og skove, hvor solens stråler kastede gyldne glimt på de blomstrende blomster og træernes grønne løv.

En dag, da solen stod højt på himlen, og skyerne dansede over horisonten, besluttede Freja sig for at tage på en rejse til det gamle bibliotek i landsbyen. Biblioteket var fyldt med bøger om magi, eventyr og mysterier fra fjerne lande og tider.

Mens Freja gik gennem rækkerne af bøger, fangede et særligt værk hendes opmærksomhed. Det var en gammel bog med et slidt omslag, der lyste som guld i solens stråler. Titlen var "Den Gyldne Tråd," og dens sider var fyldt med historier om kærlighed, håb og fortryllelse.

Freja åbnede bogen og lod dens ord føre hende på en rejse gennem tid og rum. Hun læste om en ung prinsesse, hvis skønhed kunne betage enhver, og en modig kriger, hvis kærlighed var stærkere end ethvert sværd. Hun læste om en forhekset skov, hvor træernes blade sang i vinden, og en magisk have, hvor blomsterne aldrig visnede.

Mens Freja fordybede sig i bogen, bemærkede hun pludselig en fremmed skygge, der lå over siderne. Det var en mystisk figur med et smil på læben og et glimt i øjet. "Velkommen til historien, Freja," sagde figuren med en stemme fyldt med fortryllelse. "Jeg er fortælleren, og jeg vil guide dig gennem denne magiske verden."

Freja blev forbløffet over at se fortælleren dukke op fra bogens sider. Hun fulgte ham gennem de gyldne sider og ind i en verden af eventyr og overnaturlige kræfter. Sammen udforskede de fortryllede slotte og skjulte grotter, hvor skatte lå gemt under tågen af glemte minder.

Men som solen begyndte at synke bag horisonten, indså Freja, at hun var nødt til at forlade den magiske verden og vende tilbage til virkeligheden. Hun takkede fortælleren for hans selskab og løfte om at vende tilbage til bogen en anden dag.

Da Freja vendte tilbage til landsbyen, bar hun med sig en gylden tråd af eventyr og inspiration, der ville forme hendes liv og fortællinger i fremtiden. Hun vidste, at selv i den virkelige verden kunne magien findes i hjertet af en historie og i sjælen af en drømmer.

For som hun altid sagde: "Livet er som en bog, fyldt med uendelige muligheder og skjulte skatte. Det er op til os at åbne den og udforske dens mysterier."

The Golden Thread

Once upon a time in a small village named Sunbeam, there lived a young woman named Freja. She was a dreamer and a storyteller at heart, whose words could paint pictures of beauty and magic. Freja loved to wander through the fields and forests, where the sun's rays cast golden glimmers on the blooming flowers and the trees' green leaves.

One day, when the sun was high in the sky and the clouds danced across the horizon, Freja decided to embark on a journey to the old library in the village. The library was filled with books about magic, adventures, and mysteries from distant lands and times.

As Freja walked through the rows of books, a particular work caught her attention. It was an old book with a worn cover that gleamed like gold in the sun's rays. The title was "The Golden Thread," and its pages were filled with stories of love, hope, and enchantment.

Freja opened the book and let its words take her on a journey through time and space. She read about a young princess whose beauty could enchant anyone, and a brave warrior whose love was stronger than any sword. She read about an enchanted forest where the leaves of the trees sang in the wind, and a magical garden where the flowers never withered.

As Freja immersed herself in the book, she suddenly noticed a stranger shadow looming over the pages. It was a mysterious figure with a smile on its lips and a twinkle in its eye. "Welcome to the story, Freja," said the figure with a voice filled with enchantment. "I am the storyteller, and I will guide you through this magical world."

Freja was amazed to see the storyteller emerge from the pages of the book. She followed him through the golden pages and into a world of adventure and supernatural powers. Together, they explored enchanted castles and hidden caves, where treasures lay hidden beneath the mist of forgotten memories.

But as the sun began to sink behind the horizon, Freja realized that she had to leave the magical world and return to reality. She thanked the storyteller for his company and promised to return to the book another day.

As Freja returned to the village, she carried with her a golden thread of adventure and inspiration that would shape her life and stories in the future. She knew that even in the real world, magic could be found in the heart of a story and in the soul of a dreamer.

For as she always said: "Life is like a book, filled with endless possibilities and hidden treasures. It is up to us to open it and explore its mysteries."

En Dag ved Havet

Det var en mild sommerdag, hvor solen kastede sine gyldne stråler over det rolige hav. En kvinde ved navn Emma sad på en klippe ved vandkanten og lod sine tanker drive med bølgerne.

Emma var en drømmer, hvis sind flød som vandet under hende. Hun elskede havet og dets uendelige mysterier, der lå gemt under overfladen. Hun kunne bruge timer på at stirre ud over horisonten og lade sig fortabe i havets skiftende farver.

Denne dag havde Emma taget en pause fra sin travle hverdag og fundet vej til havet for at genfinde roen i sit sind. Hun lod sine fødder dyppe i det kølige vand og lod den salte brise kærtegne hendes ansigt.

Mens Emma sad der, lukkede hun sine øjne og lod lydene fra havet synke ind i hendes bevidsthed. Hun hørte mågerne skrige og bølgernes sagte susen mod kysten. Det var som om naturen hviskede til hende, og hun lyttede med åbent sind.

Pludselig åbnede Emma sine øjne og så en skikkelse stige op af vandet. Det var en ung kvinde med langt, vådt hår og en fortryllende glød i øjnene. Kvinden smilede til Emma og inviterede hende med ned under havets overflade.

Emma tøvede et øjeblik, men hendes nysgerrighed og trangen til eventyr fik hende til at følge kvinden ned i havets dybder. Sammen svømmede de gennem koraller og blandt farverige fisk, mens lyset dansede og spillede på vandets overflade.

Undervejs delte kvinden historier om havets hemmeligheder og de skabninger, der beboede dets dyb. Hun fortalte om de skjulte skatte, der lå gemt på havbunden, og om de legender, der levede videre i havets bølger.

Da de nåede bunden af havet, standsede kvinden og kiggede dybt ind i Emmas øjne. "Du har en sjæl, der hører til havet," sagde hun med en stemme, der klang som havets brusen. "Du er en del af dette univers, og havet vil altid kalde på dig."

Da Emma steg op af havet og vendte tilbage til kysten, bar hun med sig en følelse af indre ro og en forståelse for havets mysterier. Hun vidste, at selvom hendes tid ved havet var forbi for nu, ville det altid kalde på hende igen.

A Day by the Sea

It was a mild summer day, where the sun cast its golden rays over the calm sea. A woman named Emma sat on a cliff by the shore, letting her thoughts drift with the waves.

Emma was a dreamer, whose mind flowed like the water beneath her. She loved the sea and its endless mysteries, hidden beneath the surface. She could spend hours staring out at the horizon, losing herself in the sea's shifting colors.

On this day, Emma had taken a break from her busy life and found her way to the sea to rediscover the peace in her mind. She let her feet dip into the cool water and felt the salty breeze caress her face.

As Emma sat there, she closed her eyes and let the sounds of the sea sink into her consciousness. She heard the seagulls cry and the waves softly rustle against the shore. It was as if nature whispered to her, and she listened with an open mind.

Suddenly, Emma opened her eyes and saw a figure rising from the water. It was a young woman with long, wet hair and an enchanting glow in her eyes. The woman smiled at Emma and invited her to come down beneath the surface of the sea.

Emma hesitated for a moment, but her curiosity and thirst for adventure prompted her to follow the woman down into the depths of the sea. Together, they swam through coral and among colorful fish, while the light danced and played on the water's surface.

Along the way, the woman shared stories of the sea's secrets and the creatures that inhabited its depths. She told of the hidden treasures lying on the ocean floor, and of the legends that lived on in the sea's waves.

When they reached the bottom of the sea, the woman stopped and looked deep into Emma's eyes. "You have a soul that belongs to the sea," she said with a voice that sounded like the sea's roar. "You are part of this universe, and the sea will always call to you."

As Emma emerged from the sea and returned to the shore, she carried with her a sense of inner peace and an understanding of the sea's mysteries. She knew that even though her time by the sea was over for now, it would always call to her again.

Kagen

Det var en varm sommerdag på den spanske kyst, hvor solen skinnede højt på himlen og brisen fra Middelhavet strøg blidt gennem luften. En ung kvinde ved navn Maria sad ved et cafébord med udsigt til havet, og hun kunne ikke lade være med at smile overbærende.

Maria var en simpel kvinde, med korte mørke lokker og et stædigt glimt i øjnene. Hun havde tilbragt hele formiddagen med at bage en særlig kage til sin elskede, Pablo. Det var deres årsdag, og Maria havde bestemt sig for at fejre det med noget særligt.

Mens Maria sad og ventede på Pablo, betragtede hun de andre gæster på caféen, der morede sig med iskolde drinks og livlige samtaler. Men hendes tanker var et helt andet sted, og hun kunne ikke vente med at overraske sin elskede med den smukke kage, hun havde lavet.

Endelig ankom Pablo, med et stort smil og en buket blomster i hånden. Maria sprang op fra sin stol og omfavnede ham med glæde. "Tillykke med årsdagen, min kærlighed," sagde hun og kyssede ham blidt på kinden.

Pablo smilede og takkede hende, før han lagde mærke til den smukt dekorerede kage på bordet. Hans øjne lyste op af begejstring, og han kunne ikke lade være med at spørge, hvad der gemte sig under det farverige lag af glasur.

Maria rakte ham en kniv og bad ham om at skære det første stykke af kagen. Med en spændt forventning skar Pablo forsigtigt igennem kagen og løftede det første stykke op på sin tallerken. Men da han tog en bid, ændrede hans ansigtsudtryk sig pludselig til forundring.

Kagen var ikke som nogen anden, han nogensinde havde smagt. Den var tør og smagløs, og ikke en smule sødme kunne mærkes. Pablo kiggede forvirret på Maria, der stod ved siden af og ventede på hans reaktion.

"Maria, hvad er der galt med kagen?" spurgte Pablo forvirret. "Den smager ikke som noget, jeg nogensinde har prøvet før."

Maria sank en klump og kiggede ned på kagen med skam. Hun havde brugt hele formiddagen på at bage den, og nu følte hun sig som en fiasko. "Jeg ved det ikke, Pablo," svarede hun ærligt. "Jeg fulgte opskriften til punkt og prikke. Jeg ved ikke, hvad der gik galt."

Pablo lagde sin hånd på Marias skulder og smilede beroligende til hende. "Det er okay, Maria," sagde han blidt. "Det handler ikke om kagen. Det handler om, at vi er sammen og fejrer vores kærlighed. Det er det, der virkelig betyder noget."

Maria lod tårerne trille ned ad sine kinder, overvældet af lettelse og kærlighed. Hun indså, at det ikke var kagen, der var vigtig, men det var det, den repræsenterede: deres kærlighed og det stærke bånd, de delte.

Sammen spiste de resten af kagen, selvom den var langt fra perfekt. Og mens de nød hinandens selskab og lyden af bølgerne, der skvulpede mod kysten, vidste de begge, at det var det, der virkelig betød noget i slutningen af dagen: hinanden.

The Cake

It was a warm summer day on the Spanish coast, where the sun shone brightly in the sky and the breeze from the Mediterranean gently swept through the air. A young woman named Maria sat at a café table overlooking the sea, and she couldn't help but smile indulgently.

Maria was a simple woman, with short dark locks and a determined glint in her eyes. She had spent the entire morning baking a special cake for her beloved, Pablo. It was their anniversary, and Maria had decided to celebrate it with something special.

As Maria sat waiting for Pablo, she observed the other guests at the café, who were enjoying ice-cold drinks and lively conversations. But her thoughts were elsewhere, and she couldn't wait to surprise her beloved with the beautiful cake she had made.

Finally, Pablo arrived, with a big smile and a bouquet of flowers in hand. Maria jumped up from her chair and embraced him with joy. "Happy anniversary, my love," she said, kissing him gently on the cheek.

Pablo smiled and thanked her before noticing the beautifully decorated cake on the table. His eyes lit up with excitement, and he couldn't help but ask what lay beneath the colorful layer of frosting.

Maria handed him a knife and asked him to cut the first slice of the cake. With eager anticipation, Pablo carefully sliced through the cake and lifted the first piece onto his plate. But as he took a bite, his expression suddenly changed to one of puzzlement.

The cake was unlike any he had ever tasted. It was dry and flavorless, and not a hint of sweetness could be detected. Pablo looked at Maria, who stood beside him waiting for his reaction.

"Maria, what's wrong with the cake?" Pablo asked, confused. "It doesn't taste like anything I've ever tried before."

Maria swallowed a lump and looked down at the cake with shame. She had spent the entire morning baking it, and now she felt like a failure. "I don't know, Pablo," she answered honestly. "I followed the recipe to the letter. I don't know what went wrong."

Pablo placed his hand on Maria's shoulder and smiled reassuringly at her. "It's okay, Maria," he said gently. "It's not about the cake. It's about us being together and celebrating our love. That's what really matters."

Maria felt tears welling up in her eyes, overwhelmed with relief and love. She realized that it wasn't about the cake, but it was about what it represented: their love and the strong bond they shared.

Together, they ate the rest of the cake, even though it was far from perfect. And as they enjoyed each other's company and the sound of the waves lapping against the shore, they both knew that in the end, that was what truly mattered: each other.